AF279348

Mon Garrigós Torres

APULEYO EDICIONES   FOMENTO DE VALORES   CUENTOS ILUSTRADOS

LAS CAJITAS DE ARNAU

APULEYO EDICIONES   FOMENTO DE VALORES   CUENTOS ILUSTRADOS

Dounia - Hajar - Paula - Toni - Karim - Roger - Ahmed - Oriol - Dina - Julia - Naiara - Ianis - Irene - Aynam

Rocío - Beth - Laura - Isaac - Ainoa - Aroa - Aina - Laia - Iker

Candela - Martina - Lluís - Juan Josep - Kaouthar - Amine - Marc

"Arnau nos ha enseñado a ser mejores personas".
(Quinta, 2012)

Joan - Roc - Ayoud - Pau - Nelia - Fran - Violeta - Adrià - Sara - Loubna - Aitor - Nil - Enzo - Anna - Marc

Arnau es como los demás niños, nació con todas
sus cajitas ordenadas, para ser descubiertas
con el paso de los días.

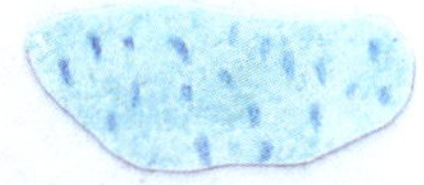

Estaba la caja de gatear, la caja de sonreír, y dentro la de la risa, la caja de andar, de correr, de saltar, de llorar, de patalear, de cantar, de chillar y también una muy grande, de múltiples colores, mezclados en una inusual armonía que solía llamar muchísimo la atención,

era la caja de hablar.

Como los otros niños,
Arnau se esforzaba
cada día en abrir cada una
de las cajas que ahí tenía.

Cuando conseguía abrir una,
descubría un mundo nuevo a su alrededor.

Los primeros días, sin embargo, solo las miraba.

La de color marrón y pequeña, que era la de llorar, consiguió abrirla con tremenda facilidad.

Le fue muy útil, porque cuando lloraba, su mamá lo cogía en brazos y le cantaba. Muchas veces le daba un biberón de leche calentita, que lo dejaba relajado y contento. Otras, lo ponía sobre una cosa suave y mullidita y lo tapaba; era su cuna.

Y allí, en la cuna, abrió la caja de relajarse y dormir. Era de un tono malva, muy clarito. Al principio le costaba mucho abrirla solo, pero con ayuda de mamá, papá, o a veces de su yaya, conseguía abrirla y se apoderaba de él un sosiego que lo transportaba rápidamente a un mundo llamado sueño.

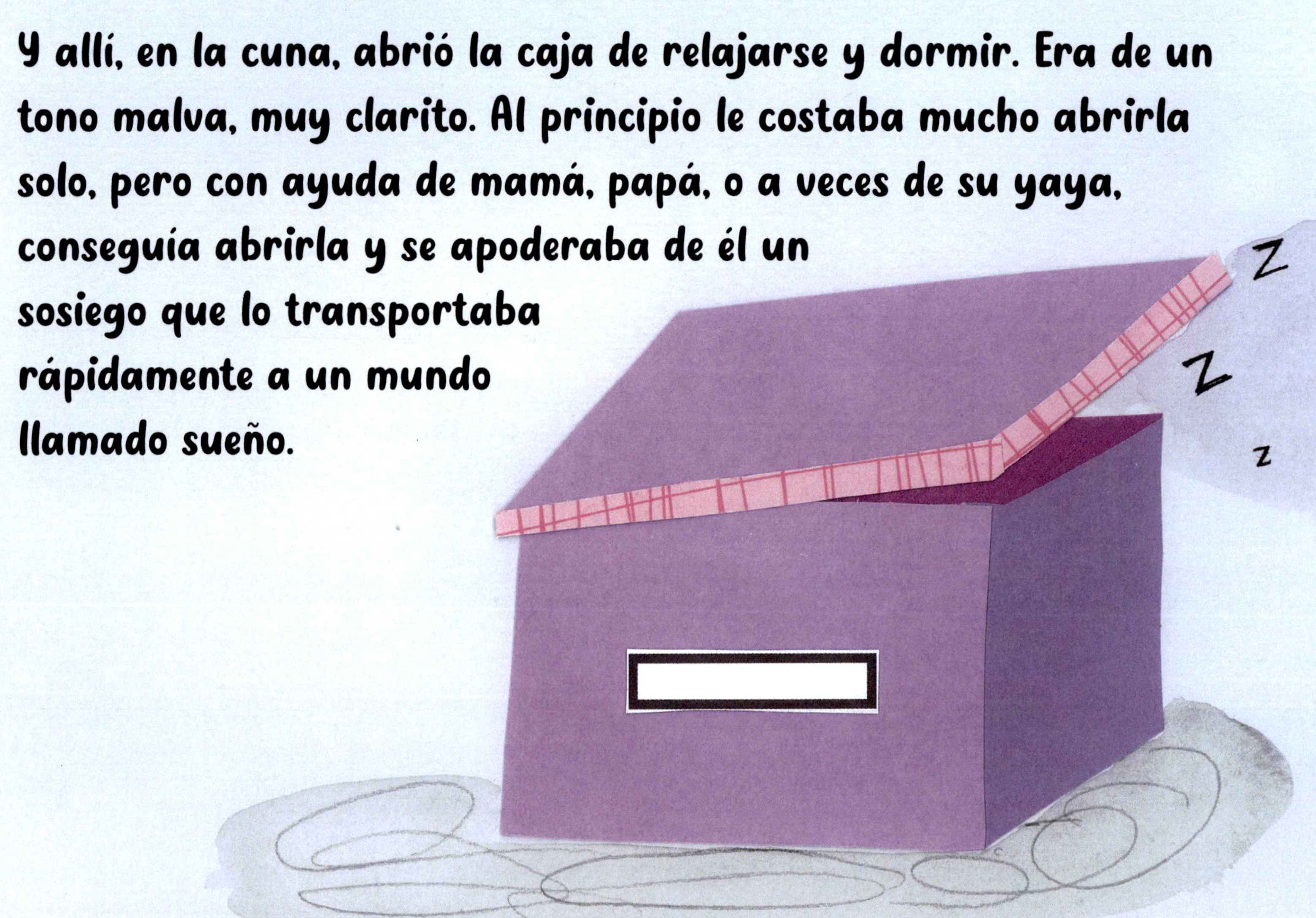

Al cabo de un tiempo,
consiguió abrirla solito.

Después estaban las de color verde: verde manzana, verde pistacho, verde oscuro, verde claro, verde lima… Un montón de tonalidades verdes, a cada cual más bonito.

Eran las cajas del movimiento:
la de gatear, la de andar, la
de correr, la de saltar, la de
mover los brazos
y las manos…

Estas eran tan chulas que Arnau se dio prisa
en aprender a abrirlas. Y lo consiguió.

Fue maravilloso porque podía explorar,

ver más cosas que las que se veían a simple vista; podía ir en busca de sus papás si no estaban cerca de él en casa; podía jugar con el correpasillos, subirse a los toboganes, saltar escalones… Era toda una aventura. Su aventura.

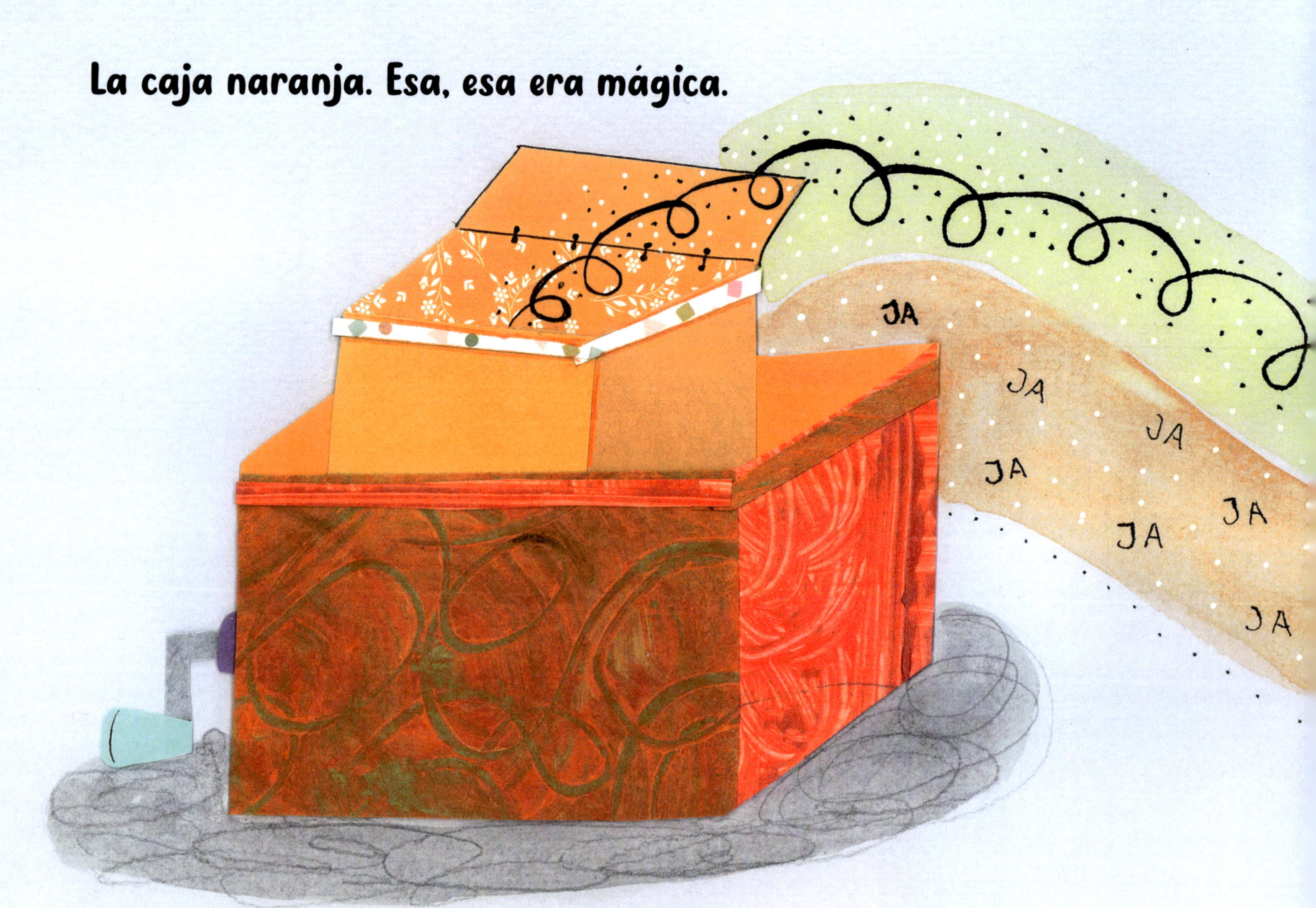

La caja naranja. Esa, esa era mágica.

Era la sonrisa y además contenía una amarilla dentro, que era la de la risa.

Esas le encantaban. Muchos días las abrían él, su mamá y su papá y disfrutaban de esa melodía tan bonita que tienen las risas contagiosas.

"Ahora me río yo y sé que tú también lo harás", pensaba Arnau mientras provocaba a su mamá con la mirada. Y las cosquillas eran la llave maestra para abrir sin esfuerzo la caja amarilla.

Sin embargo, la caja multicolor, aquella tan
grandota, la del hablar, esa se le resistía.

Lo había probado solo, con mamá,
con papá… Pero no había manera.

Alguna vez había conseguido abrir una fina ranura por la que salieron palabras como "mamá, agua, no" o "tambor".

Pero la caja se cerraba
de golpe y las palabras
desaparecían dentro.

¡CATAPLAM!

Así que ahí está el reto de Arnau.

1234

Hay niños a los que se les atragantan algunas cajas verdes, otros se centran solo en la caja marrón.

Otros, sin embargo,
no se separarían
de la caja
amarilla,

y muchos tienen a la
caja multicolor como favorita.

Les permite jugar con sus papás, explicarles sus aventuras en el cole, sus dudas, sus miedos...

Arnau también la quiere abrir y descubrir
todo lo que hay dentro, porque él sabe que
con esa caja se puede hablar.

Pero quizás, su caja se abra de otro modo;
quizás necesita una llave especial.

Él y sus papás lo prueban cada día, él y sus maestras insisten tranquilamente también y seguro, segurísimo, vamos, que sus compañeros del cole también lo ayudan,

porque Arnau, Arnau es
como los demás niños.

"El día que conocí a Arnau parecíamos dos extraños en apuros, pero Arnau tiene un don: ponerlo todo fácil. Porque Arnau es ARNAU.

Arnau es un niño grandullón, bonachón, le gusta el pan, las magdalenas y las alitas de pollo. Le encantan los abrazos. Su sonrisa es pegadiza y las letras son su pasión.

Arnau inventa juegos distintos de los de los otros niños, pero no por ello menos divertidos y tenemos grandes conversaciones que nadie entiende.

Cuando se enfada me hace perder los nervios, pero contamos hasta diez y todo vuelve a fluir.

Arnau me ha enseñado un mundo nuevo, a mirar con otros ojos, donde las cosas pequeñas e insignificantes se convierten en grandiosas e importantes. Un mundo donde no hay maldad ni odio ni envidia. Me ha enseñado a mirar al cielo y ver cómo el cruce de unos simples cables eléctricos forman una obra de arte.

Me brillan los ojos cuando hablo de él. Un hilo rojo invisible nos ha unido y solo puedo dar gracias por dejarme formar parte de un trocito de su vida.

Arnau, siempre estarás en mi corazón".

Cristina Rom Clariana

Las palabras de Cristina son la descripción más fiel de Arnau, mi hijo; el que puso mi mundo patas arriba cuando nos mostró que sobre sus espaldas arrastraba algo que lo hace más que particular: su autismo; de ahí que esa cajita multicolor cueste abrirla. Pero también es su marca, su forma de ser, sentir y ver el mundo. Su sonrisa eterna, su particular sentido del humor que permite abrir las cajas naranja y amarilla.

Descubrirlo es quererlo, entenderlo es descubrir un nuevo mundo, mágico, quizás, y comprobar que, a pesar de todo, Arnau es como los demás niños.

Mon Garrigós Torres

APULEYO
EDICIONES